NOTES

D'UN

PRISONNIER DE GUERRE

Les **NOTES D'UN PRISONNIER DE GUERRE** paraissent successivement par séries.

PARIS. — E. DE SOYE ET FILS, IMPR., 5, PL. DU PANTHÉON.

QUATRIÈME SÉRIE

L'AVANCEMENT

DANS L'ARMÉE

PARIS

Victor PALMÉ, Libraire-Éditeur

RUE DE GRENELLE SAINT-GERMAIN, 25

1872

QUATRIÈME SÉRIE

L'AVANCEMENT DANS L'ARMÉE

I

CONSIDÉRATIONS SUR L'ARMÉE.

Sous l'empire l'armée française avait subi de nombreuses et importantes transformations. Nos différents ministres de la guerre, après s'être occupés avec sollicitude de ses intérêts, la défendirent avec énergie ; l'empereur lui-même témoigna à l'armée une grande bienveillance ; et c'est peut-être cet excès de bienveillance pour les anciens soldats, qui fit que nos régiments par suite des primes de rengagements furent encombrés de vieux sous-officiers et brigadiers illettrés, ou de soldats, glorieux débris de nos guerres de Crimée et d'Italie, mais fatigués, et ne restant au service que parce qu'ils y trouvaient un avantage pécuniaire.

Cet inconvénient grave fut reconnu et la loi de 1868 y remédia en supprimant les primes.

Mais quand une puissance modifie le recrutement de son armée, il s'écoule forcément un certain nombre d'années avant que la nouvelle loi puisse être appliquée dans tous ses détails, c'est ainsi qu'en Prusse la loi de 1861 complétée par celle de 1867, pouvait être tout à fait mise en vigueur en 1871, tandis que celle de 1868 en France ne devait recevoir son entière application que vers 1878 seulement.

La Prusse allait donc jouir des avantages de sa nouvelle organisation, tandis que la France était encore bien éloignée des résultats donnés par la loi de 1868.

Dans l'armée prussienne le service étant obligatoire, elle avait des classes entières ; nous n'avions que des contingents.

En France nos réserves, à peine instruites, venaient se réunir au chef-lieu de leurs départements pour être d'abord dirigées sur leurs dépôts et rejoindre leurs régiments déjà en marche. — En Prusse, les réserves se trouvaient à côté de leurs régiments et toutes avaient passé trois ans sous les drapeaux.

En outre, la Prusse possédait dans l'armée active beaucoup plus de régiments que la France ; sa landwehr était instruite et notre garde mobile existait à peine ; — chez nous, on libérait définitivement les hommes au moment où en Prusse ils entraient seulement dans la landwehr.

Enfin nos régiments éparpillés au hasard dans les différentes garnisons devenaient très-difficiles à concentrer ; — en Prusse, au contraire, l'armée était toujours organisée en divisions et corps d'armée.

Tous ces inconvénients firent que nous eûmes un désavantage réel sur l'armée prussienne au moment où la guerre fut déclarée.

Le maréchal Niel, pendant son trop court séjour au ministère de la guerre, avait cherché à mettre de côté les vieilles routines ; il était entré dans une voie plus large, et laissant aux officiers plus d'initiative pour leur permettre de développer leurs idées, il organisa des conférences régimentaires, voulant donner ainsi à tous le goût du travail en récompensant le mérite.

Avec ces bonnes choses qui convenaient aux vues libérales de notre époque l'armée allait reprendre une vie nouvelle ; mais l'opposition toujours systématique et opposée à tout ce qui ne venait pas d'elle demandait sans cesse la diminution du budget de l'armée ; et tandis que la Prusse, envisageant froidement l'avenir, faisait d'immenses préparatifs sans cependant avoir l'intention positive d'attaquer la France, exaltait son esprit militaire et travaillait activement à fusionner l'armée des États récemment annexés, des députés français demandaient à la Chambre la diminution de la nôtre, quelques-uns même son licenciement ; il est vrai qu'ils réclamaient en échange que toute la nation fût armée ; on donne ainsi des armes à l'émeute, mais on ne fait pas des soldats.

Aussi quand la guerre fut déclarée nous étions bien loin d'être prêts, et cette armée, dont quelques années auparavant la France avait lieu d'être fière, jouissait alors dans son propre pays d'une considération tellement minime que nos régiments n'avaient plus d'engagés volontaires.

Sous l'influence des idées de l'époque le respect de nos vieilles traditions avait diminué. Les réglements étaient moins observés, et le goût du métier que l'on prenait autrefois aux rudes épreuves de la vie militaire disparaissant, la carrière des armes ne fut plus considérée comme un poste d'honneur, mais devint un champ de courses sur lequel se heurtèrent toutes les ambitions.

Avec les idées d'indépendance répandues dans presque toutes les classes ajoutées à l'ennui que chacun éprouvait à demeurer sous les drapeaux, six mois après nous eussions été encore moins prêts, les malheurs qui nous ont accablés étaient inévitables, ils seraient arrivés un peu plus tard si le prétexte de la couronne d'Espagne n'avait pas amené entre la France et la Prusse ce terrible conflit. Ayons la sagesse de savoir profiter de cette dure épreuve, nous gagnerons ces quelques mois pour notre réorganisation.

II

ROLE IMPORTANT QUE L'ARMÉE EST APPELÉE A REMPLIR DANS LE PAYS,

L'avenir de l'armée préoccupe les esprits sérieux, car les derniers événements ont enfin prouvé qu'elle était indispensable.

Il faut donc dès à présent la reconstituer sur de bonnes bases et chercher consciencieusement le progrès sans cependant renoncer exclusivement au passé, mais repousser pour toujours ces idées absurdes accréditées un instant chez des penseurs frivoles.

Etourdis par des phrases creuses, séduits par des théories vaines, ils ne se sont pas inquiétés de savoir si la pratique en était possible ; leur ignorance des choses militaires leur a fait supposer qu'une armée s'improvisait et qu'un pays au moment du danger pouvait subitement se lever en masse.

Cette question est maintenant jugée, les preuves ont été trop concluantes.

Et les gens qui avaient le plus attaqué l'armée, qui prétendaient qu'elle n'était qu'une école de démoralisation, sont venus quand ils ont eu besoin d'elle lui apporter leurs hypocrites flatteries.

L'armée sait à quoi s'en tenir, et se préoccupe peu de ces caresses de circonstances, elle a fait son devoir, elle le fera encore toutes les fois que l'occasion se présentera, car elle trouve sa récompense dans la conscience de l'avoir courageusement et dignement accompli.

Mais cette armée dont le rôle est de défendre l'indépendance du pays, de sauvegarder sa nationalité ou de maintenir l'ordre à l'intérieur, doit être une institution nationale et reposer sur des fondements inébranlables.

Elle doit posséder un bon esprit, être animée de sentiments patrio-tiques, avoir une cohésion indispensable à sa force et ne pas se laisser diriger par des pensées d'ambitions personnelles.

L'armée aura toujours dans le pays le premier rôle à remplir ; elle représente l'ordre parce qu'elle n'existe qu'en possédant le sentiment du devoir, appuyé sur un esprit de discipline et d'abnégation.

Des enfants qui débutent dans la vie en passant par ses rangs, elle doit faire des hommes, des hommes au cœur viril, des hommes dévoués, des hommes sur lesquels la patrie pourra toujours compter.

C'est vers cette grande œuvre de moralisation que doivent tendre tous nos efforts. Mettons-nous donc courageusement à la tâche en laissant de côté toutes ces mesquines ambitions qui ne contribueraient qu'à nous perdre, et que tout esprit de parti disparaisse enfin devant les intérêts du pays.

Dans l'armée la hiérarchie impose le respect du grade tandis que la discipline donne une impulsion uniforme.

Le grade sera toujours honoré quand il aura été la récompense des bons services connus, d'études sérieuses, d'une instruction approfon-die, et les étoiles, les galons, les épaulettes, les décorations devien-dront alors des insignes vénérés auxquels le mérite seul et une car-rière bien remplie pourront donner droit.

Maintenant que l'armée possède beaucoup d'officiers distingués et instruits, que nos jeunes officiers ont tous débutés par une campagne malheureuse qui leur donnera une expérience utile, ne serait-il pas temps de remanier sérieusement notre mode d'avancement afin d'enlever ces nuances que rien ne justifie et qui font que l'avenir militaire est pour ainsi dire une loterie.

En effet, à part quelques exceptions en faveur d'officiers d'un mé-rite reconnu, appuyé sur des services de guerre, l'avancement dans les grades subalternes devient une question de régiment ; celui des offi-ciers supérieurs, une affaire d'arrondissement d'inspection, et, disons-le franchement, la carrière militaire est trop l'œuvre d'un seul.

Quelle que soit l'impartialité d'un chef de corps, quelle que soit sa bienveillance, quelle que soit la netteté de son jugement, un colonel n'étant pas infaillible est exposé à se tromper. C'est du reste lui imposer une responsabilité trop grande que de le laisser pour ainsi dire seul arbitre de l'avenir de tout un corps d'officiers et de sous-officiers.

Son commandement peut être absolu ; il en répond et ne compromet personne ; mais l'avancement, qui touche à tant d'intérêts divers, ne doit pas se traiter ainsi.

III

SERVICE OBLIGATOIRE. — SON UTILITÉ. — BONS RÉSULTATS QU'IL DOIT DONNER.

Notre armée ne deviendra une institution essentiellement nationale que quand tous les Français indistinctement paieront à la patrie l'impôt du sang.

Le colonel Stoffel cite dans ses rapports une remarque faite à ce sujet par un officier général prussien : « Si vous admettez en France le principe du service obligatoire, disait-il, vous dicterez encore des lois à l'Europe. »

La crainte de le voir adopter après nos revers rendait les officiers prussiens encore plus jaloux et plus orgueilleux de ce système qui leur avait si bien réussi; l'un d'eux, avec lequel je causais un jour pendant ma captivité, en témoignant le désir de voir le service obligatoire accepté dans notre pays, me répondit :

« C'est impossible chez vous; vous vous minez par vos divisions politiques, vos aspirations si opposées, votre patriotisme irréfléchi, votre révolte continuelle contre tous vos gouvernements quels qu'ils soient, et surtout par vos doctrines dissolvantes.

« Vous ignorez du reste les devoirs qu'impose le service obligatoire aux populations à instruire dans le métier des armes et aux officiers chargés de répandre cette instruction.

« Vos officiers sont braves, mais peu travailleurs; et ils ne sauront jamais s'astreindre aux détails multiples de cette organisation qui fait notre force.

« Vous vous figuriez en France, avant la guerre, que nos landwehrs étaient des gardes nationaux qui ne quittaient qu'à regret leurs foyers ; vous pouvez maintenant vous convaincre du contraire. Nos landwehrs sont nos meilleures troupes. Vous avez déjà vu revenir quelques-uns de ces régiments ; peut-on trouver de plus beaux soldats. Nos hommes de la garde même ne les valent pas ; ils constituent dans notre armée une réserve puissante, et ces hommes qui sont généralement mariés, pères de famille, chefs de fabriques ou d'usines, à la tête d'entreprises importantes, quittent sans regret, sans une plainte, leurs femmes, leurs enfants, quand la nation fait appel à leur patriotisme.

« Ils respectent et vénèrent leur roi ; ils ont le sentiment de l'obéissance et de la discipline poussé à l'excès, et leurs enfants sont élevés dans cet esprit d'abnégation, soutenu par un dévouement aveugle à la patrie.

« Vous voyez que tous nos bambins des écoles primaires ont déjà des allures de petits troupiers. Notre pays ressemble à une grande caserne. Eh bien ! en France vous n'obtiendrez jamais cela.

« Vos gardes nationaux et vos collégiens joueront pendant quinze jours aux soldats ; mais ils en perdront bientôt le goût, et vos enfants préféreront lire de mauvais livres, de mauvais journaux, plutôt que d'apprendre à manœuvrer le chassepot. »

. . . .

Je répondis à cet officier que nous avions des qualités que les Prussiens ne possédaient pas, et que nos revers nous donneraient certainement le sérieux qui nous avait manqué. Je lui dis que la prochaine guerre serait terrible, parce que sachant maintenant que nous avons de rudes adversaires à combattre nous ne nous laisserions plus surprendre. J'ajoutai que je ne doutais pas qu'après une si dure épreuve tous les partis ne s'inclinassent devant les malheurs de la patrie afin de s'unir pour la relever.

« Vous parlez en bon Français, me répliqua-t-il ; mais ne croyez pas que les partis céderont ainsi ; ils ruineront votre pays, et quand vous aurez fait la paix avec l'Allemagne, vous aurez la guerre civile chez vous... »

Les événements ont donné raison à mon interlocuteur, mais la France n'a peut-être été aussi cruellement éprouvée que pour reprendre une vie nouvelle et renaître de ses cendres plus vigoureuse, plus forte que jamais.

C'est là mon plus ardent désir, et quand je trouve encore autant de vitalité chez nous, je ne désespère pas de l'avenir, car nous avons un passé de gloire qui nous permet d'espérer ; mais je fais des vœux pour que cette énergie soit enfin employée avec discernement et surtout sans passion.

Je trouve au service obligatoire un immense avantage, celui de moraliser et pour ainsi dire de discipliner la nation ; au moment de la lutte chacun pourra compter ainsi sur son voisin parce qu'il trouvera à côté de lui non-seulement un homme de cœur, mais aussi un soldat solide ayant appris tous les détails du métier et sachant les appliquer avec fruit sur le champ de bataille.

Le service obligatoire nous donnera en outre des éléments tendant à disparaître chaque jour : des sous-officiers instruits, des cadres intelligents ; en même temps il répandra dans l'armée une instruction qui fera qu'un homme bien élevé n'hésitera pas à débuter comme simple soldat quand il aura une confiance absolue dans ses chefs de tout grade.

« Je suis très-fier, me disait un zouave pontifical, le comte de la Falaise, d'être simple soldat dans ce corps, parce que nos caporaux, nos sous-officiers, nos officiers, sont des hommes d'une grande valeur, et que j'ai en eux la plus entière confiance.... »

Personne n'ignore comment s'est conduite pendant la guerre la légion de monsieur de Charette, et le bon esprit, l'intrépide courage de cette petite troupe qui a si vaillamment combattu resteront certainement de nobles exemples à suivre.

IV

AVANCEMENT A L'ANCIENNETÉ ET AU CHOIX.

L'avancement dans l'armée est donné jusqu'au grade de chef de bataillon ou chef d'escadrons inclus au choix et à l'ancienneté, au delà au choix seulement.

Dans les grades subalternes il est établi trois tours : un au choix, deux à l'ancienneté.

Les majors sont nommés au choix. Outre ces deux tours il existe encore celui des officiers à la suite qui sont replacés à raison d'une place pour trois vacances.

En campagne, en présence de l'ennemi, ces tours sont ainsi modifiés : moitié au choix, moitié à l'ancienneté pour les lieutenants et sous-lieutenants; tout au choix pour le grade d'officier supérieur.

Cet avancement à l'ancienneté combiné avec le choix a raison d'être.

L'ancienneté récompense les bons et longs services de braves et vigoureux officiers auxquels l'âge et des circonstances particulières ne permettent pas d'arriver autrement.

Le choix doit faire ressortir le savoir, la valeur et les qualités militaires. C'est surtout sur ce mode d'avancement que portera toute mon attention.

Quoiqu'il soit impossible que tous les officiers appelés à passer au choix arrivent ensemble au même but, il serait cependant juste de procurer à chacun d'eux au début de leur carrière les mêmes chances d'avenir modifiées alors d'une façon équitable par des services personnels, des travaux importants, des faits de guerre, etc.

Pour cela il faut :

1° Faire rouler dans tous les grades l'avancement sur l'arme et non par régiment ; l'uniformité de tenue, que possède déjà l'infanterie ainsi que l'artillerie et dont le maréchal Niel s'était occupé pour la cavalerie, faciliterait considérablement et à peu de frais les mutations qui surviendraient dans le personnel des officiers de l'armée.

2° Régulariser l'avancement au choix en le basant sur un concours sérieux comme cela se fait déjà à la sortie des écoles et pour les majors.

3° Diminuer la limite d'âge, mesure indispensable pour rajeunir l'armée et la conserver jeune.

4° Donner les retraites à vingt-cinq ans si cela est possible sans obérer nos finances. Ce qui du reste eût été une dépense énorme avant la guerre deviendrait maintenant un avantage par suite de la grande quantité d'officiers de tout grade nommés pendant la campagne.

La question des retraites et celle de la limite d'âge est fort importante et peut soulever des avis différents.

La retraite à vingt-cinq ans est avantageuse en ce sens qu'elle permet aux officiers de quitter l'armée assez jeune pour embrasser une autre carrière ; à quarante-cinq ans, l'homme a encore presque devant lui un nouvel avenir et ce serait une compensation pour les officiers qui n'auraient pas été heureux dans l'armée ; à cinquante ans, c'est trop tard ; l'officier, qui voit approcher avec regret l'époque de la rentrée dans ses foyers où il ne trouvera peut-être plus ni famille, ni intérêts, reste au régiment jusqu'à sa limite ; l'armée est ainsi encombrée de vieux officiers.

Les retraites à vingt-cinq ans y remédieraient ; mais j'ai dit qu'il faudrait aussi diminuer la limite d'âge ; il est, en effet, évident que sans cette condition essentielle on peut retomber dans les inconvénients, au moins pour le plus grand nombre des retraites à trente ans de service.

Il est regrettable, je l'avoue, de se priver de l'expérience et du zèle d'officiers qui sont restés vigoureux, vaillants, attachés à leurs devoirs et aimant leur métier ; on voit tous les jours des vieillards de soixante ans demeurer plus verts et plus valides que des hommes de trente à quarante ans. C'est là cependant l'exception et les lois ne peuvent pas être faites pour les exceptions, mais pour les généralités ; ainsi je crois qu'il serait juste et en même temps indispensable de diminuer de deux ans au moins la limite d'âge pour tous les grades ; on pourrait peut-être admettre dans les grades supérieurs que d'importants services de guerre reculeraient de deux ans cette limite d'âge pour ceux qui les auraient rendus ; mais il faudrait qu'ils fussent bien constatés, et que l'on n'accordât pas cet avantage à la faveur, mais au mérite. Quand aux généraux qui auraient commandé des armées ou des corps d'armées, ils seraient de droit maintenus en activité ; leur expérience peut être toujours utile.

Les officiers admis ainsi à la retraite à vingt-cinq ans seraient susceptibles pendant cinq ans d'être rappelés au moment de la guerre, non pour un service actif, mais pour être employés sur le territoire si leur concours était nécessaire.

Parmi eux on ferait aussi un très-bon choix d'officiers de mobiles ; cette question très-importante touche à la réorganisation de l'armée, elle m'éloigne de mon sujet ; je n'en parlerai pas.

V

CHOIX AUX CONCOURS : CAPORAUX-BRIGADIERS ET SOUS-OFFICIERS.

Partant de cette base : l'avancement sur toute l'arme est le concours ; l'avancement au choix deviendrait le résultat d'examens sérieux dans lesquels on tiendrait compte des campagnes, des services, de la moralité ainsi que de la conduite privée et militaire de chaque officier ou sous-officier appelés à concourir.

Commençant par le grade le moins élevé : les nominations des caporaux, brigadiers, caporaux-fourriers, brigadiers-fourriers, sous-officiers, fourriers, sergents-majors et maréchaux des logis chefs seraient faites dans chaque régiment par le colonel à la suite d'un concours.

Ce concours aurait lieu devant une commission composée de trois membres ainsi qu'il suit :

Pour nommer les caporaux ou brigadiers :
Un capitaine président ;
Un lieutenant ou sous-lieutenant ;
Un sergent-major ou un maréchal des logis chef ;

Pour les caporaux ou brigadiers-fourriers, sergents ou maréchaux des logis :

Le major président ;
Un capitaine ;
Un lieutenant ou sous-lieutenant ;

Pour les nominations de sergents-majors, maréchaux des logis chefs ou adjudants :

Le lieutenant-colonel président;
Le major ;
Un capitaine d'escadron ou de compagnie.

On classerait ainsi tous les candidats dans chacun de ces grades ; ce classement après avoir été approuvé par le général inspecteur serait définitif et servirait dans chaque régiment de tableau d'avancement.

Le classement des sous-officiers pour le grade d'officier serait établi par le général inspecteur d'après un concours qui aurait lieu dans chaque régiment devant une commission composée de cinq membres nommés par le ministre.

Le colonel ou le lieutenant-colonel président ;
Un chef d'escadron, chef de bataillon ou major;
Un capitaine de compagnie ou d'escadron ;
Le capitaine instructeur ou un adjudant-major ;
Un lieutenant.

Cette commission classerait les sous-officiers par ordre de mérite d'après des compositions écrites et des examens oraux, en consultant tous les renseignements qui pourraient être recueillis : états de service, conduite privée, instruction primaire, instruction militaire, moralité, éducation, aptitudes physiques, etc.

Le général inspecteur, après avoir revu et interrogé lui-même ces sous-officiers, choisirait parmi les douze premiers dans chaque régiment le nombre de candidats nécessaires pour établir son tableau d'avancement, ce nombre ne serait pas invariable pour les régiments, il dépendrait dans chacun d'eux du degré d'instruction et du mérite des sous-officiers.

Chaque général inspecteur opérerait de la même manière, et lorsque les inspections générales seraient toutes terminées, ces différents classements partiels envoyés au ministère de la guerre serviraient à former pour chaque arme un classement général qui deviendrait le tableau d'avancement définitif.

VI

SOUS-LIEUTENANTS. — LIEUTENANTS. — CAPITAINES. — OFFICIERS
D'ÉTAT MAJOR.

Pour le tableau d'avancement des officiers lieutenants et sous-lieutenants on opérerait de la manière suivante :

Après les inspections générales, quand les officiers auraient été examinés et notés par les généraux inspecteurs ; dans chaque régiment, tous les lieutenants et sous-lieutenants ayant aux moins quatre ans de grade seraient admis à concourir par arme : infanterie, cavalerie, artillerie ; ce concours se ferait au chef-lieu du grand commandement ou d'une division militaire désignée devant une commission composée de trois membres :

Un colonel d'état-major président ;
Un sous-intendant militaire de deuxième classe ;
Un chef d'escadrons ou de bataillon.

Cette commission, après des compositions écrites et des examens oraux, après avoir surtout largement tenu compte des notes, d'inspection des services de guerre, des aptitudes, de la moralité, etc., classerait les candidats par ordre de mérite.

On en ferait autant dans tous les chefs-lieux des divisions militaires désignées, ces différents classements seraient envoyés au ministère de la guerre où on arrêterait définitivement un classement général par arme, et en prenant dans chaque arme par la droite de chacun de ces classements on obtiendrait les tableaux d'avancement.

On créerait d'après les mêmes principes les tableaux d'avancement des capitaines pour le grade de chef d'escadrons ou de majors.

Dans chaque régiment tous les capitaines nommés au choix et ayant au moins quatre ans de grade seraient admis à venir concourir, après avoir été notés par les généraux inspecteurs.

Ce concours aurait lieu devant une commission composée de trois membres :

Un général de brigade président;
Un sous-intendant militaire de première classe ;
Un colonel ou lieutenant-colonel d'état-major.

Tous les candidats seraient classés dans chaque centre par arme et par ordre de mérite, et le comité de chaque arme arrêterait avec ces différents classements le tableau d'avancement.

Les examens pour le grade de major ou de chef d'escadrons seraient les mêmes; on classerait à la gauche les majors, ou on choisirait des officiers disposés par goût à embrasser ces fonctions :

Dans ces examens, suivant les différents grades, les candidats traiteraient verbalement les questions militaires plus ou moins compliquées, des questions d'administration, de géographie, d'art et d'histoire militaire.

On y tiendrait compte des campagnes, des citations, des actions d'éclat ainsi que des travaux militaires, conférences, mentions honorables ou ouvrages publiés avec l'approbation du ministre de la guerre.

Quand aux officiers d'état-major ils seraient soumis pour tous leurs grades à des concours sérieux qui consisteraient d'abord à répondre aux examens d'admission des officiers de l'armée du grade correspondant, infanterie, artillerie, cavalerie ; à ce concours en serait adjoint un autre traitant des importantes questions qui intéressent surtout les officiers d'état-major en campagne.

On peut reprocher avec raison aux officiers d'état-major de ne connaître que très-superficiellement l'armée, et cependant plus tard ils ont une voix influente quand il s'agit dans les conseils du ministre de la guerre de traiter les questions qui touchent directement au soldat.

Les jeunes officiers d'état-major qui débutent dans l'armée dans des grades subalternes ne se préoccupent généralement pas assez sérieusement de ces questions, ce n'est du reste ni de leur âge, ni de leur grade ; et ils n'y rentrent plus, après avoir fait leur stage dans la cavalerie, dans l'infanterie et quelquefois dans l'artillerie.

Je voudrais que tous les officiers d'état-major arrivés au grade de chef d'escadrons fussent obligés, avant d'être nommés lieutenants-colonels d'état-major, de repasser trois ans dans les régiments en conservant la tenue et le titre de chef d'escadrons d'état-major : un an dans l'infanterie, un an dans la cavalerie, un an dans l'artiilerie.

Ils apprendraient ainsi beaucoup de détails qu'ils ignorent et qui cependant en campagne ont une importance réelle.

Les officiers d'état-major dont l'instruction militaire aurait été ainsi complétée, deviendraient des officiers hors ligne ; leur mérite du reste, même dès à présent, est incontestable ; ils sont certainement l'élite de l'armée et il y aurait peu de chose à faire pour atteindre la perfection dans ce corps spécial, qui doit rendre de si grands services sur le champ de bataille et avant d'y arriver.

VII

OFFICIERS SUPÉRIEURS. — GÉNÉRAUX.

A l'aide de ce concours, l'avancement jusqu'au grade de chef d'escadrons, de chef de bataillon, ou major inclus se ferait avec justice et impartialité, puisqu'il serait à la portée de tous les officiers instruits et méritants.

Dans la garde de Paris, la gendarmerie départementale, la gendarmerie de la Seine, des colonies, l'infanterie de marine, les officiers concourraient entre eux pour tous les grades.

Il serait indispensable de donner plus d'extension aux écoles régimentaires, d'établir dans chaque régiment des bibliothèques que les officiers et sous-officiers pourraient consulter, de leur procurer de bonnes cartes et surtout un local convenable chauffé et éclairé, où ils auraient le droit de travailler à leur aise.

Ces écoles régimentaires sous la surveillance du lieutenant-colonel seraient dirigées par trois officiers choisis parmi les plus capables ; chacun d'eux aurait sa spécialité.

Au delà du grade de chef d'escadrons, de chef de bataillllon ou de major, il n'y aurait plus de concours, on choisirait les lieutenants-colonels parmi les chefs de bataillon, d'escadrons ou majors nommés au choix et ayant au moins deux ans de grade ; tous ces officiers seraient notés et classés par les généraux inspecteurs ; et un classement général arrêté par le comité dans chaque arme formerait le tableau d'avancement des lieutenants-colonels.

Il en serait de même pour le grade de colonel, et pour les colonels appelés à devenir généraux ; seulement ces derniers seraient pris parmi les colonels ayant au moins quatre ans de grade.

Ce mode d'avancement, facile à mettre en pratique, rajeunirait sensiblement l'armée; mais pour la conserver jeune et ne pas éterniser les colonels dans le commandement de leur régiment, il serait indispensable de diminuer dans chaque grade, comme je l'ai déjà dit, d'au moins deux ans la limite d'âge pour les généraux et officiers supérieurs, et de trois pour les capitaines, lieutenants et sous-lieutenants.

On pourrait peut-être créer un nouveau grade, celui d'adjudant-général que l'on donnerait aux colonels de la garde.

Je considère la garde comme très-utile, non pas seulement pour servir d'appui au gouvernement, il doit compter sur toute l'armée, mais pour avoir toujours en réserve un noyau de troupes d'élite.

La garde aurait les deux tiers de son effectif composé d'anciens soldats choisis dans les régiments, pris autant que possible parmi ceux ayant fait campagne et ayant au moins trois ans de service. L'autre tiers serait composé de recrues ou d'engagés volontaires.

La tenue se rapprocherait beaucoup de celle de l'armée, il n'y aurait simplement qu'une marque distinctive au collet et sur les parements.

Les hommes pour tous les régiments de la garde, engagés volontaires, jeunes soldats ou anciens soldats seraient choisis.

Les officiers ne seraient admis dans la garde qu'avec une proposition pour le grade supérieur; il y aurait ainsi dans tous les grades des officiers d'élite qui ne se nuiraient pas, puisque l'avancement de la garde se ferait de cette manière avec celui de l'armée.

Dans la garde impériale du deuxième empire, composée cependant de très-bons éléments, car elle a prouvé aux combats livrés devant Metz ce qu'elle valait, il existait un inconvénient grave pour l'avancement : j'y ai vu de bons officiers, possédant d'excellents services de guerre, instruits et s'occupant de leur métier consciencieusement, y demeurer quatorze et quinze ans capitaines, parce que les régiments dont ils faisaient partie avaient été, au début, formés avec des officiers pris à peu près dans les mêmes conditions et de la même ancienneté.

L'avancement, ne roulant que sur la garde, ils se trouvèrent fort en arrière de leurs camarades de la ligne et naturellement lésés.

Quant à la solde de la garde, afin de ne pas augmenter le budget de la guerre, elle serait pour les officiers la même que dans la ligne. Les anciens soldats seulement toucheraient une haute paie que les jeunes ne recevraient pas.

La garde devant former naturellement un des corps d'armée de l'armée de Paris, les officiers et la troupe auraient l'indemnité de rassemblement allouée aux régiments en garnison dans le département de la Seine ou dans les grands centres tels que Lyon, Bordeaux, etc.

Le désintéressement de l'armée doit être un de ses mérites. Je suis loin de dire qu'il faille laisser les officiers dans la gêne ; je trouve que c'est un devoir pour l'État de subvenir largement à leurs besoins raisonnables, mais je désapprouve tout à fait ces soldes exagérées, faisant que les corps qui jouissent de ces avantages pécuniaires sont recherchés pour cette seule raison. Je préférerais voir la solde de retraite augmentée dans tous les grades, à l'aide de retenues mensuelles faites sur les appointements.

Le passage dans la garde serait alors considéré comme une récompense, mais une récompense purement honorifique. C'est ainsi que l'on obtiendrait véritablement une troupe d'élite.

Le grade d'adjudant général dont j'ai parlé précédemment serait un acheminement au grade de général de brigade ; les adjudants-généraux pourraient aussi commander des brigades territoriales, même actives ; mais il ne serait cependant pas nécessaire d'avoir été adjudant général pour devenir général de brigade.

En campagne, où le concours ne pourrait avoir lieu on établirait le tableau d'avancement, en considérant les actions d'éclat, les services exceptionnels, les notes obtenues aux examens précédents ainsi que les services de guerre antérieurs, et on y appliquerait surtout l'article 20 de la loi du 14 avril 1832, qui donne au choix la moitié des grades subalternes, et tout au choix pour les nominations de chefs de bataillons et d'escadrons.

La grande quantité de grades prodigués pendant la guerre, surtout aux armées de l'intérieur, sera un très-grand inconvénient si on considère comme définitives toutes les nominations. Pour donner à chacun un avancement légitime, il aurait fallu commencer par ne reconnaître aucun des grades octroyés par le gouvernement du 4 septembre, que je ne considère pas comme légal; les seuls gouvernements proclamés par la nation furent l'empire et l'Assemblée nationale; ces deux gouvernements avaient seuls le droit de faire des promotions. Tout ce qui n'a pas été donné par eux n'aurait dû être confirmé qu'après un examen sérieux des titres des intéressés.

Les travaux topographiques demandés avant les inspections générales, contrôlés seulement et corrigés par les officiers du grade immédiatement supérieur qui ont ordonné le travail, ne sont pas non plus quelquefois appréciés comme ils le méritent.

Les travaux des sous-officiers devraient être lus, corrigés et notés avec soin dans chaque régiment par une commission composée :

D'un officier supérieur ;

D'un capitaine ;

D'un lieutenant ou sous-lieutenant.

Tous ces travaux notés seraient rendus aux sous-officiers, à l'exception des quatre meilleurs que l'on enverrait à l'état-major de la division.

Ceux des lieutenants et sous-lieutenants seraient aussi soumis à l'examen d'une commission de régiment composée de trois membres :

Le lieutenant-colonel président;

Un chef d'escadrons ou major ;

Un capitaine.

Notés comme ceux des sous officiers, ils reviendraient aux officiers à l'exception des trois meilleurs que l'on enverrait à la division.

Les plus remarquables travaux des lieutenants et sous-lieutenants ainsi que ceux des sous-officiers seraient adressés par la division au ministère de la guerre, où les dix meilleurs dans chaque arme recevraient des mentions honorables.

On enverrait directement à la division les travaux des capitaines pour être notés et examinés par une commission — composée d'officiers supérieurs :

Un colonel, président ;
Un lieutenant-colonel ;
Un chef d'escadrons.

A la suite de ce premier examen on garderait les deux plus forts par régiment pour les envoyer au ministère de la guerre, où il serait donné des mentions honorables pour les six meilleurs.

On pourrait ainsi apprécier justement les travaux des sous officiers et officiers de tout grade, et ce serait aussi des jalons importants pour établir les tableaux d'avancement.

CONCLUSION

Je crois que cette manière de procéder, simple, facile à mettre en pratique, aurait l'avantage de rendre moins embarassant le classement des officiers, d'exciter chez eux une noble émulation, de donner l'avancement au mérite en éloignant la faveur, et de fournir à l'armée des officiers supérieurs et des chefs de corps jeunes, instruits et habiles.

L'avenir militaire de l'officier ne serait plus l'œuvre d'un seul ; car malgré son impartialité, un colonel peut plus facilement se tromper qu'une commission composée de trois membres, et l'avancement au choix deviendrait la récompense d'études sérieuses et de connaissances militaires profondes, soumises au contrôle d'officiers spéciaux, sans cependant enlever l'influence du colonel dont les notes et les renseignements seraient pris en très-grande considération.

Je suis convaincu qu'en augmentant le degré d'instruction de l'armée, et surtout en lui donnant les moyens d'apprendre, on ne la rendrait ni moins dévouée, ni moins disciplinée ; car si quelquefois on rencontre de l'opposition ou une critique absurde et injuste, c'est presque toujours de la part des ignorants ou des mécontents qui se croient lésés ; un concours ferait disparaître ces deux classes de *réclameurs ;* il convaincrait les sots, répartirait l'avancement avec impartialité, disposerait à l'étude et ferait ressortir quelques sujets modestes, qui restant inconnus ne sont pas appréciés comme ils le méritent ; de plus les sous-officiers passant officiers se trouveraient dans les mêmes conditions que les officiers classés d'après un concours en sortant des écoles.

Quant aux examens de majors et de chefs d'escadrons : s'il est bien reconnu que les colonels doivent savoir diriger l'administration d'un régiment, n'est-il pas rationel que les chefs d'escadrons qui font plus tard des colonels soient soumis aux mêmes épreuves que les majors ; et au lieu de choisir ces derniers, ce qui s'est fait depuis quelques années, parmi les plus jeunes et les plus *ambitieux* capitaines, qui profitent de ce concours pour primer des camarades moins *influents* qu'eux ; ne serait-il pas préférable en les classant après les chefs d'escadrons de les prendre par la gauche du tableau d'avancement, ou parmi les officiers que des aptitudes physiques disposent au travail de bureau ?

Sans vouloir cependant faire complétement le procès d'un mode d'avancement qui jusqu'à présent a donné à l'armée tant de bons et vaillants officiers, il me paraît évident que l'avancement au concours établirait avec plus de justice le classement des candidats, et l'armée en général acquerrait une instruction solide qui ne pourrait qu'augmenter sa valeur en rendant chacun de ses membres plus sûr de lui.

Il serait donc à désirer que la loi sur l'avancement dans l'armée, tant de fois modifiée par des décrets et ordonnances, fût encore une fois remaniée pour fixer invariablement les droits des intéressés.

On crée une bonne armée avec de bons officiers, et on obtient de bons officiers en les encourageant, en fermant la porte aux abus pour ne l'ouvrir qu'au mérite et aux qualités militaires reconnues.

Dans l'état de choses actuel personne ne peut rester inactif, c'est un devoir pour chacun de se montrer à la hauteur de ses obligations, car en présence des envahissements de la Prusse, en présence de son ambition démesurée, notre armée doit, sans oublier sa vieille réputation, prouver que si elle n'a rien eu à se reprocher dans cette dernière lutte, elle sait cependant aussi qu'elle a tôt ou tard une sanglante revanche à prendre.

Elle doit attendre froidement les événements, se reconstituer promptement avec les bons éléments qu'elle possède encore, et ne pas perdre de vue qu'à une époque tourmentée comme la nôtre, représentant la partie saine et virile du pays, il faut qu'elle s'efforce sans cesse de donner à la nation l'appui moral dont elle a tant besoin.

Stargard (Poméranie), 7 avril 1871.

PARIS. — E. DE SOYE ET FILS, IMPR., 5, PL. DU PANTHÉON.